Ecosistemas

Arrecifes de coral

por Nadia Higgins

Bullfrog Books

Ideas para padres y maestros

Bullfrog Books permite a los niños practicar la lectura de texto informacional desde el nivel principiante. Repeticiones, palabras conocidas y descripciones en las imágenes ayudan a los lectores principiantes.

Antes de leer

- Hablen acerca de las fotografías. ¿Qué representan para ellos?
- Consulten juntos el glosario de fotografías. Lean las palabras y hablen de ellas.

Durante la lectura

- Hojeen el libro y observen las fotografías. Deje que el niño haga preguntas. Muestre las descripciones en las imágenes.
- Lea el libro al niño, o deje que él o ella lo lea independientemente.

Después de leer

- Anime a que el niño piense más. Pregúntele: ¿Alguna vez has visitado un arrecife de coral? ¿Has visto videos o fotografías? ¿Cómo lo describirías?

Bullfrog Books are published by Jump!
5357 Penn Avenue South
Minneapolis, MN 55419
www.jumplibrary.com

Library of Congress Cataloging-in-Publication Data

Names: Higgins, Nadia, author.
Title: Arrecifes de coral / por Nadia Higgins.
Other titles: Coral reefs. Spanish
Description: Minneapolis, MN: Jump!, Inc., [2018]
Series: Ecosistemas | Audience: Ages 5–8.
Audience: K to grade 3. | Includes index.
Identifiers: LCCN 2017005957 (print)
LCCN 2017007790 (ebook)
ISBN 9781620318003 (hardcover: alk. paper)
ISBN 9781624966224 (ebook)
Subjects: LCSH: Coral reef ecology—Juvenile literature.
Coral reefs and islands—Juvenile literature.
Classification: LCC QH541.5.C7 H5418 2018 (print)
LCC QH541.5.C7 (ebook) | DDC 577.7/89—dc23
LC record available at https://lccn.loc.gov/2017005957

Editor: Jenny Fretland VanVoorst
Book Designer: Molly Ballanger
Photo Researcher: Molly Ballanger
Translator: RAM Translations

Photo Credits: Alamy: Carlos Villoch/MagicSea.com, 20–21. Biosphoto: Jean-Michel Mille, 14–15; Mathieu Foulquié, 15. Getty: Douglas Klug, 4. iStock: mihtiander, 6–7. Shutterstock: unterwegs, 1; Nantawat Chotsuwan, 3; think4photop, 5; sergemi, 10–11; ReereeKhaosan, 12; olias32, 12; Rich Carey, 13; frantisekhojdysz, 16; Greg Amptman, 17; Michael Bogner, 18–19; GaudiLab, 23br; aarows, 24. SuperStock: NHPA/Photoshot, 8–9. Thinkstock: jon841, cover.

Printed in the United States of America at Corporate Graphics in North Mankato, Minnesota.

Tabla de contenido

Muchos colores

Un mundo de colores se esconde debajo del mar.

¿Dónde?

¡En un arrecife de coral!

Los corales son animales pequeños.

Viven cerca de la costa.

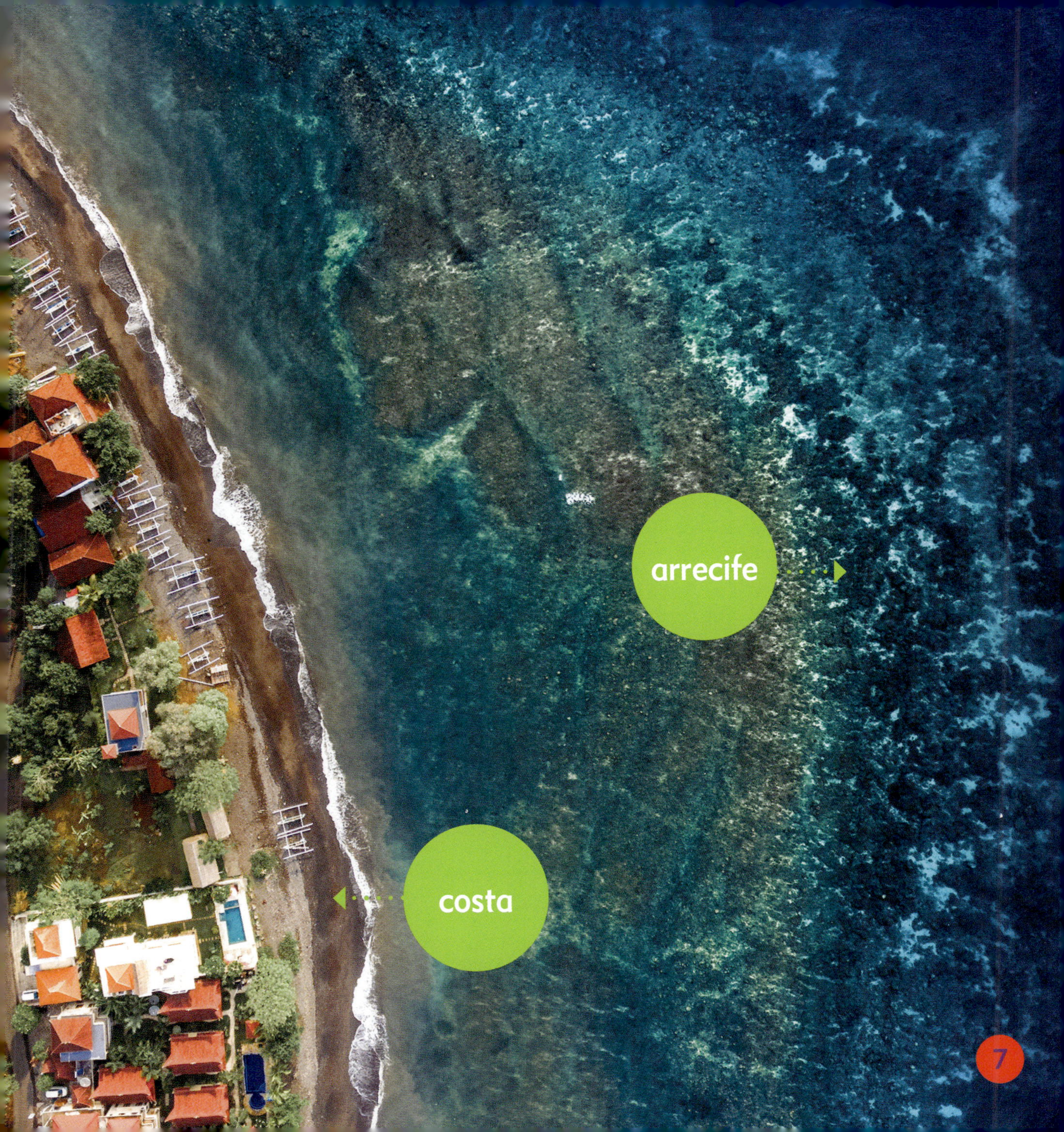
arrecife
costa

caparazones
de coral

El arrecife está compuesto de sus caparazones.

Un arrecife es como una ciudad.

Está lleno de vida.

Allí también viven muchas plantas.

También muchos animales.

Las criaturas del arrecife se ayudan las unas a las otras.

¿Cómo?

Las algas crecen en el coral.

Le dan color.

Le hacen fuerte.

¡Cuidado peces!

¡Ahí viene un tiburón!

Los peces nadan en grupo.
Es difícil ver solamente a uno.
Juntos se mantienen seguros.

Los peces muerden
la piel del tiburón.

El pez se alimenta.

El tiburón se limpia.

El arrecife de coral es un mundo de colores.

Es un mundo de vida.

¡Sumérgete!

¿Dónde están los arrecifes de coral?

La Gran Barrera de Coral de Australia es el arrecife de coral más grande del mundo. Más de 1.500 variedades de peces viven ahí.

■ arrecife de coral

Glosario con fotografías

algas
Criaturas pequeñas que crecen en el coral; las algas al igual que las plantas necesitan el sol para crecer.

arrecife
Franja de tierra, rocas, o coral que se eleva cerca de la superficie del mar.

alimentarse
Comer para nutrirse.

costa
Lugar donde un cuerpo acuífero se une con la tierra.

Índice

Para aprender más

Aprender más es tan fácil como 1, 2, 3.

1) Visite www.factsurfer.com

2) Escriba "arrecifesdecoral" en la caja de búsqueda.

3) Haga clic en el botón "Surf" para obtener una lista de sitios web.

Con factsurfer.com, más información está a solo un clic de distancia.